AF595180

PRÉCIS
POUR
LE GÉNÉRAL TRAVOT,

Condamné à MORT *par le Conseil de Guerre permanent de la treizième Division Militaire.*

LA loi du 18 vendémiaire an 6 ouvre au général Travot une voie légale pour se pourvoir contre le jugement de mort rendu hier contre lui à près de six heures du soir. Ce pourvoi peut avoir lieu,

« 1.° Lorsque le Conseil de guerre n'a pas été formé de la ma- » nière prescrite par la loi;

» 2.° Lorsqu'il a outre-passé sa compétence, etc., etc.;

» 3.° Lorsqu'il s'est déclaré incompétent pour juger un prévenu » soumis à sa juridiction;

» 4.° Lorsqu'une des formes prescrites par la loi n'a pas été ob- » servée, soit dans l'information, soit dans l'instruction;

» 5.° Enfin, lorsque le jugement n'est pas conforme à la loi, » dans l'application de la peine ».

Le général Travot a donné à ses défenseurs l'ordre précis d'invoquer en sa faveur ces dispositions, dans le délai fixé par la loi, et ses défenseurs déclarent ici qu'ils formeront ce pourvoi, dans les vingt-quatre heures, le présent devant en tenir lieu, si quelque circonstance s'opposait à ce qu'il fût officiellement fait dans ledit délai.

Cette cause a cela de particulier, que presque tous les moyens déjà soumis au Conseil de guerre, et rejetés par lui, sont, d'après l'article cité, autant de moyens de revision.

En conséquence, ses défenseurs, s'appuyant de nouveau sur ces mêmes moyens, d'après l'avis des treize Jurisconsultes qui ont arrêté, A L'UNANIMITÉ, la consultation précédemment distribuée, et dans laquelle ils persistent de plus en plus, croient devoir les retracer ici en peu de mots, afin d'éclairer d'avance, par ces premières observations, la religion du Conseil de revision.

Ce qui fortifie les défenseurs du général Travot dans cette opinion, c'est que les mêmes questions qui l'intéressent si éminemment, se sont présentées presqu'en même tems devant plusieurs conseils de guerre de l'est et du nord de la France. Les papiers publics arrivés par le courrier d'hier mercredi 20 mars, contiennent à cet égard une décision parfaitement conforme. Elle semble ministérielle, puisqu'elle se trouve répétée, le même jour, dans les mêmes termes et dans différens journaux, nommément dans le *Journal du Commerce* et dans *le Journal général*.

Voici le texte de cet avis, dont la source paraît jusqu'à présent officielle :

« TOUTES les enquêtes qui devaient s'ouvrir contre divers gé-
» néraux et officiers d'état-major, dans les départemens de l'est de
» la France, ONT ÉTÉ SUSPENDUES, jusqu'à ce qu'il ait été décidé
» par le ministère si la loi d'amnistie leur est applicable ou non ; on
» attend également une décision de ce genre à l'égard du général
» Gruyère, qui est encore détenu à Strasbourg, à cause de sa
» conduite dans le département de la Haute-Saône, où il comman-
» dait à l'époque du retour de Bonaparte ».

Sans entrer ici dans le fond des diverses questions que les défenseurs du général Travot se proposent de soumettre à la haute sagesse du Conseil de revision, ils doivent se borner, dans l'état, à quelques observations préliminaires dictées à la hâte, et pour lesquelles ils n'ont pas besoin, dans une circonstance aussi grave, de réclamer l'indulgence du lecteur.

Ils diront donc que, quelque prompte, quelqu'expéditive que doive être la justice militaire, elle ne doit pas néanmoins, ni d'après le texte, ni d'après l'esprit des lois de la matière, être le résultat d'une excessive précipitation. Or, c'est le mercredi 13 mars que l'un des défenseurs du général Travot a pu avoir connaissance que ce Général invoquait son ministère, et que la convocation du Conseil était fixée au samedi 16.

Aussi ce défenseur et son confrère se sont-ils empressés de faire demander, par l'autorité militaire supérieure, un délai suffisant à S. Exc. le Ministre de la guerre, pour préparer et combiner les moyens d'une défense aussi compliquée qu'importante.

Cette demande, si essentiellement juste, si essentiellement favorable, et qui ne blesse en rien les attributions spéciales du Conseil de guerre, a été accueillie par S. Exc. le Ministre de la guerre.

Un délai de quinze jours a été demandé et obtenu par l'entremise de Monseigneur LE GOUVERNEUR, COMTE DE VIOMÉNIL. Le télégraphe a transmis et la demande de S. Exc. Monseigneur le GOUVERNEUR, et la réponse si impatiemment attendue de S. Exc. le Ministre de la guerre.

M. LE COMTE DE VIOMÉNIL s'est empressé de la notifier aux défenseurs, le samedi 16, dans la matinée.

Cette autorisation formait donc un droit acquis irrévocablement à l'accusé.

Aussi, ses défenseurs, forts de cette autorisation, et ne pouvant s'imaginer qu'elle leur serait ravie par une autorité essentiellement subordonnée à LL. EE. le Ministre de la guerre et M.gr le Gouverneur, prirent-ils, le samedi, quelques instans de repos pour réparer leurs forces affaiblies par un travail continuel, insuffisant et forcé de soixante-douze heures.

Quelle fut donc leur surprise, lorsque, le samedi soir, à dix heures, ils reçurent de M. le Rapporteur l'avis que le Conseil de guerre, qui devait juger le général Travot, n'avait été différé que par le retard éprouvé dans sa route, par un de MM. les lieutenans-généraux, appelés à compléter le Conseil !

Lorsqu'ils apprirent que, malgré la décision de S. Exc. le Ministre, le Conseil se réunirait le lundi 18, pour juger sans désemparer le lieutenant-général Travot !

Malgré les vives réclamations des défenseurs du Général, le Conseil s'est en effet réuni le 18.

Là, les défenseurs du Général ont commencé par critiquer l'organisation du Conseil.

En effet, M. le général Travot avait *récusé* de son chef M. le lieutenant-général Canuel, parce que celui-ci avait servi contre lui dans un grade supérieur, sous les ordres de M. le lieutenant-général Laroche-Jacquelin.

La décision du Conseil, sur cette première exception, évidemment *personnelle* au général Travot, fut renvoyée jusqu'au moment où le Général paraîtrait lui-même devant le Conseil.

Le premier cri des défenseurs, cette première exception ayant été ajournée, fut de réclamer le bénéfice du délai de quinze jours, qui leur avait été accordé par S. Exc. le Ministre de la guerre, et refusé par M. le Rapporteur.

Les réclamations des défenseurs sur ce point, donnèrent lieu à des plaintes très-vives contre eux, de la part de M. le Rapporteur. Il les accusa même *de perfidie, d'avoir voulu tendre des piéges, d'avoir méconnu les attributions du Conseil, etc., etc.*

Les défenseurs repoussèrent ces inculpations, aussi extraordinaires qu'imméritées, avec une noble fermeté, qui leur acquit, et leur a conservé pendant tout le cours des débats, la confiance du Conseil, pour eux si précieuse.

Néanmoins, toute demande de délai fut rejetée par le Conseil lui-même.

D'après ce précis exact et rapide des faits, l'on voit que les ordres supérieurs du Ministre n'ont pas été exécutés; que l'accusé a été privé d'un droit naturel, d'un droit sacré, d'un droit qui lui était accordé par la première de toutes les autorités militaires; que, par conséquent, il y a eu violation formelle des ordres du Ministre et de tous les principes qui, dans tous les tribunaux du Monde, garantissent à l'accusé les moyens de détruire victorieusement l'accusation dont il est l'objet.

Cette *précipitation excessive* fournira nécessairement les élémens de plusieurs moyens de revision, que l'on se réserve d'établir devant Messieurs les Membres du Conseil de revision.

D'autres circonstances importantes dans la cause, doivent encore promettre et garantir au général Travot, le succès incontestable de son pourvoi;

Et d'abord on doit remarquer que le Conseil de guerre n'a pu être légalement saisi de la connaissance d'une affaire relative à un lieutenant-général, *pour crime de haute-trahison*, sans une autorisation expresse et formelle de SA MAJESTÉ elle-même.

Ce principe, qui remonte aux premiers âges de la monarchie, a été conservé par les lois de la matière, ainsi que par la Charte constitutionnelle.

Dès qu'en effet le ROI seul peut nommer et révoquer tous les agens des administrations publiques, sans exception, il en résulte qu'il a seul aussi le droit de les traduire en jugement, de les faire punir conformément aux lois.

Aussi n'existe-t-il pas un seul exemple d'un Officier général traduit devant les tribunaux, pour crime de *haute-trahison*, sans une Ordonnance préalable émanée et signée du ROI.

Cette doctrine a été consacrée tant par les monumens anciens de l'histoire, que par les arrêtés du Directoire exécutif, du Gouvernement consulaire, du Gouvernement impérial, et enfin par une foule d'Ordonnances rendues par SA MAJESTÉ elle-même, depuis que nous sommes rentrés sous son Sceptre paternel.

Cependant le Conseil de guerre n'a eu aucun égard à cette exception, et il a dû se déclarer légalement convoqué (1), quoiqu'il n'existât aucune Ordonnance du ROI rendue contre le général Travot.

Non seulement une pareille Ordonnance n'existe pas; mais elle ne pouvait exister. En effet, l'accusé justifiait, par un ordre formel, en date du 15 septembre 1815, que SA MAJESTÉ l'avait conservé

(1) Au moment où ce précis s'imprime, les défenseurs n'ont encore pu obtenir la communication du jugement.

depuis la proclamation de Cambrai, et depuis l'amnistie du 24 juillet, dans l'exercice de ses fonctions.

D'un autre côté, il est constant au procès que le crime de *haute-trahison*, imputé au général Travot, est circonscrit dans le terme précis du fatal règne de cent jours; c'est-à-dire, qu'on ne lui impute aucun fait antérieur au 23 mars (date du départ du Roi, de Lille), jusqu'au moment où il a pu connaître la proclamation de Cambrai, du 28 juin 1815.

Il résulte de là que, si postérieurement à ces époques, Sa Majesté a conservé dans son grade de lieutenant-général, et l'a admis, en conséquence, à la retraite en cette qualité, il eût été impossible d'obtenir postérieurement du Roi une ordonnance de mise en jugement contre le général Travot, pour des faits relatifs à ce qui s'est passé pendant ce règne des cent jours.

Pour mieux démontrer cette vérité, les défenseurs du général Travot ont produit et déposé sur le bureau du Conseil de guerre, l'ordre ministériel dont on vient de parler, et qui est ainsi conçu :

MINISTÈRE
DE LA GUERRE.

Paris, le 15 septembre 1815.

« Général, j'ai l'honneur de vous informer qu'en exécution de » l'Ordonnance du 1.er août 1815, et d'après le compte que j'ai » rendu au Roi de VOS SERVICES, Sa Majesté vous a accordé, » par *décision* du 4 août 1815, une solde de retraite de six mille » francs, qui courra du 1.er janvier prochain, conformément à » l'art. 10 de l'instruction *approuvée par le* Roi, le 4 du présent » mois.

» Le Ministre-Secrétaire d'état des finances sera chargé d'en » assurer le paiement; je lui adresserai les indications nécessaires » à cet effet, lorsque vous m'aurez fait connaître le lieu où vous » désirez qu'elle vous soit payée, et que vous m'aurez transmis, » avec votre acte de naissance, un certificat de l'inspecteur aux » revues de l'arrondissement, constatant, 1.° le traitement que » vous êtes susceptible de conserver, à partir du 1.er septembre, » 2.° la mention qu'il aura faite sur votre livret et sur les con- » trôles, de votre admission à la solde de retraite, à compter du » 1.er janvier 1816.

» Ces formalités une fois remplies, les réclamations que vous » auriez à faire ultérieurement, au sujet du paiement de votre » solde de retraite, rentreront dans les attributions de S. Exc. le » Ministre-Secrétaire d'état des finances.

» *Recevez, Général, l'assurance de ma considération* ».

« A M. le lieutenant-général Travot,
« retiré à département d ».

Il est inutile de joindre à une preuve aussi authentique qu'irrécusable, une foule de preuves toutes constantes au procès, lesquelles attestent que dès l'instant où le Général a connu le retour du Roi, il s'est rangé sous les drapeaux de Sa Majesté avec les troupes sous ses ordres, et n'a cessé, comme il ne cessera jamais, de lui être fidèle.

Il est donc démontré que, *dans l'état*, le Conseil de guerre était incompétent, l'on ne dit pas pour condamner à mort le lieutenant-général Travot, mais même pour procéder à son jugement.

Cette compétence lui était déniée, tant que SA MAJESTÉ n'avait point révoqué, par une Ordonnance postérieure, son Ordonnance du 1.er août 1815, qui admettait à la retraite le général Travot, et qui, par conséquent le mettait *nominativement* à l'abri de toutes recherches, de toutes poursuites, de toute arrestation, de tout jugement, et, à plus forte raison, d'une condamnation à mort, pour un délit que SA MAJESTÉ elle-même avait effacé pour jamais.

Mais indépendamment de cette faveur spéciale de SA MAJESTÉ, *nominativement* appliquée au général Travot, ses défenseurs ont présenté pour lui plusieurs observations générales, non moins décisives, non moins tranchantes, puisqu'elles résultent du texte précis de plusieurs Ordonnances, et surabondamment de la loi d'amnistie du 12 janvier dernier.

Le premier de ces actes est une proclamation datée de Cambrai, le 28 juin 1815; en voici les propres expressions :

JE PROMETS, MOI, QUI N'AI JAMAIS PROMIS EN VAIN (L'EUROPE ENTIÈRE LE SAIT), DE PARDONNER AUX FRANÇAIS ÉGARÉS TOUT CE QUI S'EST PASSÉ DEPUIS LE JOUR OU J'AI QUITTÉ LILLE, AU MILIEU DE TANT DE LARMES, JUSQU'AU JOUR OU JE SUIS RENTRÉ DANS CAMBRAI, AU MILIEU DE TANT D'ACCLAMATIONS.

SA MAJESTÉ parle ensuite de la trahison qui a ouvert à l'étranger *le cœur de la France*; et comme cette espèce particulière de trahison ne pouvait être imputée aux généraux qui n'y avaient et n'avaient pu y prendre aucune part (le général Travot résidait alors à plus de trois cents lieues du point sur lequel Bonaparte avait effectué son débarquement), il en résulte que l'exception dont SA MAJESTÉ parle immédiatement, ne peut s'appliquer à aucun de ces généraux.

Voici les propres termes de SA MAJESTÉ :

« Je dois, pour la dignité de mon trône, pour l'intérêt de mes » peuples, pour le repos de l'Europe, excepter du pardon *les instigateurs et les auteurs* de cette trame horrible. Ils seront désignés » à la vengeance des lois par les deux Chambres, que je me pro- » pose d'assembler incessamment ».

La seule condition imposée à ce pardon était de l'accepter, en se soumettant dans le délai prescrit, et c'est ce qu'a religieusement exécuté le général Travot.

Donc, puisqu'il n'avait jamais été ni *instigateur*, ni *auteur* de la trame ourdie contre SA MAJESTÉ, il était évidemment compris dans le pardon généreux du ROI : donc, par la promesse de SA MAJESTÉ, d'une part, et par l'acceptation du général Travot de l'autre, il s'était formé entre le Monarque et le sujet un contrat sacré, irréfragable, dont aucun Conseil de guerre n'était compétent pour rompre les liens.

L'Ordonnance du 24 juillet 1815 est encore plus précise, s'il est possible, et cependant le général Travot n'en avait aucun besoin, puisque le pardon de Cambrai le couvrait tout entier. Cependant, ses défenseurs n'ont pu se dispenser d'en invoquer les dispositions en faveur du général Travot.

SA MAJESTÉ commence par déclarer, en expliquant la seconde partie de son Ordonnance de Cambrai, qu'elle veut punir l'attentat, sans exemple, qui a livré à Bonaparte Grenoble, Lyon, la route de Paris, et Paris même ; mais ELLE ajoute que c'est *en graduant la peine* et *en limitant le nombre des coupables*, ainsi qu'en assurant une ENTIÈRE SÉCURITÉ A TOUS LES AUTRES CITOYENS SANS DISTINCTION.

En conséquence, SA MAJESTÉ forme deux classes distinctes des individus qu'elle veut excepter du pardon de Cambrai.

La première classe se compose de généraux et officiers qui l'ont trahie avant le 23 mars, ou qui ont attaqué la France et le Gouvernement à main armée, et ceux qui, par violence, se sont emparés du pouvoir.

SA MAJESTÉ ordonnait qu'ils seraient traduits devant les tribunaux, et l'on sait que plusieurs d'entre eux ont en effet été jugés et condamnés.

C'est sur cette première liste que figuraient le maréchal Ney, le colonel la Bédoyère et le général Lavalette.

Il est inutile de faire observer que le général Travot n'était pas et ne pouvait pas être compris dans cette première liste.

SA MAJESTÉ, par l'article 2, formait une seconde liste de sujets moins coupables à ses yeux, et les désignait comme devant être punis de la peine du bannissement.

Le général Travot ne se trouvait pas plus sur cette seconde liste que sur la première. Donc il se trouvait à l'abri, l'on ne dit pas de toute mise en jugement, mais même du bannissement.

C'est aussi la conséquence forcée qui résulte de l'art. 4, ainsi conçu :

« Les listes de tous les individus auxquels les art. 1 et 2 pourraient » être applicables, sont et demeurent *closes* par les désignations » nominales contenues dans ces articles, et NE POURRONT JAMAIS » ÊTRE ÉTENDUES A D'AUTRES, POUR QUELQUE CAUSE ET SOUS » QUELQUE PRÉTEXTE QUE CE PUISSE ÊTRE, autrement que dans » les formes et suivant les lois constitutionnelles, auxquelles il » n'est expressément dérogé que pour ce cas seulement ».

Donc tout tribunal qui s'est arrogé le droit de juger un individu, et à plus forte raison un Officier général, exclu de l'une et de l'autre de ces listes; qui s'est arrogé le droit de le frapper d'une condamnation capitale, a commis un excès de pouvoir évident, et a franchi toutes les limites de sa compétence.

Ses défenseurs enfin ont subsidiairement invoqué la loi d'amnistie du 12 janvier dernier, et ont développé tous les moyens qu'indiquait à cet égard la consultation délibérée, à L'UNANIMITÉ, à Rennes, le 15 mars;

Ils ont prouvé que l'amnistie était applicable au général Travot, parce qu'il n'y avait pas eu *de poursuites dirigées* contre lui avant la PROMULGATION de la loi;

Que cette loi avait été adoptée, le 6 janvier par la Chambre des députés, le 9 par la Chambre des pairs; que le ROI enfin l'avait sanctionnée et promulguée le 12.

Or, ont-ils dit, l'ordre d'arrêter le général Travot a été expédié seulement le 12 par le télégraphe.

Le 14 seulement, il a été arrêté à Lorient, et n'est arrivé à Rennes que le 15 dans la soirée: donc la loi, qui devait avoir son effet à partir du jour de la promulgation, c'est-à-dire à partir du 12, lui était applicable dans toute son étendue.

On doit faire observer d'ailleurs que le courrier de Paris avait apporté le 15, à Rennes, la loi d'amnistie; que l'arrivée de cette loi, applicable au moment même de sa promulgation, avait précédé de sept à huit heures à Rennes le général Travot; ainsi, l'amnistie semblait voler et courir au-devant de lui, pour briser ses fers, et pour rendre sans effet l'ordre de son arrestation.

La dépêche télégraphique du 12 annonçait des ordres ultérieurs de S. Exc. le Ministre, par la poste.

A la vérité, ces actes portent date du jeudi 11; mais ils n'avaient pu parvenir à Rennes, et ils n'y étaient réellement parvenus que le lundi 15, par la raison, sans réplique, qu'il ne part point de courrier de Paris pour la Bretagne, ni le jeudi ni le vendredi.

Il suit de là que la loi d'amnistie, applicable sur tous les points de la France, le 12, jour de la promulgation, et les ordres officiels qui prescrivaient l'arrestation du général Travot, sont précisément arrivés à Rennes le même jour lundi 15 : donc, ces ordres, essentiellement inconciliables avec la loi d'amnistie, avaient été détruits et révoqués par elle; il n'existait donc plus aucun prétexte possible, non seulement pour juger et pour condamner le général Travot, mais même pour perpétuer d'un seul instant sa détention.

Ses défenseurs ont soutenu, en second lieu, qu'il n'avait été dirigé aucunes poursuites contre le général Travot, dans le sens de la loi; qu'en effet, des *actes judiciaires* peuvent seuls constituer des *poursuites* quelconques : vérité démontrée jusqu'à l'évidence, dans la consultation du 15.

En vain a-t-on essayé de combattre ces moyens, en supposant que l'ordre d'arrêter et de poursuivre était une *poursuite*.

Cette supposition est démentie *en fait* par l'ordre télégraphique, qui prescrit d'entendre de suite *un témoin*, afin précisément de commencer ainsi les *poursuites*. Elle est démentie *en droit* par la circulaire interprétative de la loi, donnée au nom du Gouvernement, par Monseigneur le Garde-des-Sceaux.

En vain s'est-on encore appuyé d'une lettre particulière, du 7 mars 1816, écrite par S. Exc. Monseigneur le Ministre de la guerre. Cette lettre, qui a servi de base au jugement de condamnation du général Travot, établit une distinction qu'il est impossible d'admettre. Voici les termes de cette lettre :

« En matière militaire, l'ordre ministériel d'arrestation d'un mi- » litaire, *équivaut* à un mandat d'arrêt décerné par les juges ordi- » naires. Quoique cet ordre d'arrestation ne soit pas exécuté, il » n'en établit pas moins le commencement des poursuites ».

Les défenseurs du général Travot ont répondu que cette décision renfermait une erreur grave en principe ; qu'en effet, l'ordre ministériel d'arrestation n'était, et ne pouvait être autre chose qu'un ordre émané d'une *autorité administrative supérieure ;* que l'expression même *d'ordre ministériel* l'indiquait suffisamment ; que dès l'instant où *l'ordre* était *ministériel,* c'est-à-dire, *acte d'administration,* il ne pouvait pas être considéré comme *acte judiciaire ;* qu'*administrer*, POURSUIVRE, *arrêter*, et *juger,* sont des choses aussi essentiellement opposées, aussi essentiellement distinctes, que le Gouvernement de Constantinople, et le Gouvernement paternel de nos ROIS.

Ils ont ajouté que les Lois militaires contrariaient entièrement ce système ; qu'il existait près les Tribunaux militaires une *autorité spéciale*, ayant seule compétence pour faire tous les actes relatifs à la poursuite, à l'instruction et à l'information, pour toute la procédure enfin, jusqu'au jugement définitif ; et que cette autorité, absolument indépendante de toute autre, dès que l'ordre de *poursuivre* avait été donné, était celle de M. le Rapporteur ; que la compétence spéciale de cet Officier judiciaire était réglée par les art. 12, 13 et suivans de la Loi du 13 brumaire ; qu'il résultait de ces articles : Que dès l'instant où il avait été mis en activité, il agissait seul, faisait seul les *actes judiciaires*, recevait la plainte, faisait l'information, entendait les témoins ainsi que le prévenu; que seul enfin il commençait, *dirigeait* et achevait les *poursuites*; que d'après des dispositions aussi précises, il était impossible d'assimiler les ordres ministériels d'arrêter et de poursuivre à des actes judiciaires; que, par suite de conséquence, il y aurait, d'après la lettre du 7 mars, confusion manifeste des attributions *judiciaires* et *administratives*.

D'ailleurs, il ne pouvait appartenir au Ministre d'assigner à *son ordre* un caractère que la loi lui refuse.

Et en assignant à *son ordre* le caractère d'un *acte judiciaire*, le Ministre se trouve en contradiction avec l'interprétation *solennelle* et *légale*, donnée le 7 mars, par Monseigneur le Garde-des-Sceaux, qui exige des *actes judiciaire*, et non pas un *acte administratif*, tel qu'un ordre *ministériel*.

Il se trouve même en opposition avec son ordre du 12, expédié par la voie du télégraphe, et qui, en ordonnant d'*entendre un témoin*, exprime de la manière la plus formelle qu'un *ordre d'arrestation* n'est pas un *acte judiciaires*, une *poursuite*, dans le sens légal du mot.

Les défenseurs du général Travot ont enfin donné à ces moyens principaux, et à une foule d'autres qu'il est inutile de rappeler dans ce précis, tous les développemens possibles. C'est aussi ce qu'ils se proposent d'établir et de démontrer avec plus de succès devant le Conseil supérieur de revision.

En dernière analyse, il n'existait ni coupable, ni délit, ni jugement quelconque à porter, puisque le général Travot n'était accusé d'aucun crime, soit antérieur au 23 mars, soit postérieur à la connaissance de la proclamation de Cambrai.

D'une part, le bénéfice de l'amnistie de Cambrai et de celle du 24 juillet lui était irrévocablement acquis.

De l'autre, il fournissait une preuve décisive que ces Ordonnances lui avaient été, *directement*, *individuellement* et *nominativement* appliquées.

Cette preuve existe dans la lettre du 15 septembre, écrite en vertu d'une *Ordonnance spéciale* de SA MAJESTÉ, du 1.er août 1815, qui lui accorde le *maximum* de la retraite attribuée aux généraux de son grade.

Cependant le Conseil de guerre, au mépris de ces Ordonnances, tant générales que *personnelles* et *nominatives*, a fait revivre un *délit* qui n'existait plus, a puni un *délit* entièrement effacé, et par conséquent *imaginaire*, d'une peine qui ne pouvait être appliquée qu'à un *délit réel*.

Pour faire revivre ce délit, pour appliquer cette peine, il a nécessairement commis un EXCÈS DE POUVOIR : on ne saurait assez le répéter.

Il a violé tout à la fois les Ordonnances générales précédemment invoquées, annulé de son chef le bienfait de l'amnistie, que le général Travot tenait non seulement de ces Ordonnances, mais de la concession de cette *pension de retraite*, qui lui en fait l'application la plus formelle.

Or, frapper de la peine capitale un homme que des lois positives, que toutes ces Ordonnances, émanées de la clémence royale, mettaient à l'abri de toute poursuite, de tout jugement, de toute condamnation, n'est-ce pas donner ouverture aux moyens de revision les plus incontestables?

Tel est le précis des observations principales qui serviront de base aux moyens de revision du général Travot.

Ses défenseurs se proposent de leur donner les développemens convenables, lorsque la connaissance plus particulière du jugement leur permettra d'asseoir une opinion plus certaine sur ses différentes dispositions.

Rennes, le 21 mars 1816.

L. M. COATPONT. L. BERNARD. LESUEUR.

NOTA. *L'exposé des moyens de revision, résultant de ce précis, est sous presse.*

A RENNES, chez COUSIN-DANELLE, imprimeur-libraire, rue Royale.

www.ingramcontent.com/pod-product-compliance
Lightning Source LLC
LaVergne TN
LVHW011505170726
843501LV00009B/3610